031 Travelling by
大井川鐵道

037 KAWANE PASSPORT対象施設一覧
51店舗&施設の特典！

最大**94回**利用できるクーポンブック！

039 金谷・川根エリア
- 040 とろろ屋ととろ
- 041 喫茶 ん
- 042 中屋酒店
- 043 さくら茶屋
- 044 朝日園 駅前本店
- 045 たいやきや
- 046 お食事処 たばこや
- 047 マルイエ醤油川根本家
- 048 朝日園茶房 遊
- 049 川根温泉ふれあいの泉
- 051 Sky TEC フライングアカデミー

052 奥大井南部エリア
- 053 軽食・喫茶・農家民宿 ともしび
- 054 昇陽堂
- 055 せせらぎの郷
- 056 不動の滝自然広場オートキャンプ場
- 057 野口屋
- 058 食事処 さか希
- 059 和彩食堂あけぼの
- 060 農家民宿 天空の宿
- 061 三ツ星オートキャンプ場
- 062 フォーレなかかわね茶茗舘
- 063 茶茗舘販売所 緑のたまてばこ
- 064 さわい農園
- 065 こやぶ園茶舗
- 066 川根茶直売所 山香荘茶園

067 千頭エリア
- 068 生粋川根茶 澤本園
- 069 ケーブルテクニカやんばい処
- 070 川根茶製造販売（株）坂本園
- 071 山本屋旅館 遊工房
- 072 blooper backpacks
- 073 奥大井音戯の郷
- 074 cafe うえまる
- 075 cafe うえまる千頭駅前店
- 076 大井川鐵道 千頭駅売店そばコーナー
- 077 カーケア中原
- 078 えびすや食堂
- 079 おざわ屋食堂
- 080 エディオン堀電器千頭店
- 081 前田工房
- 082 玄米彩食 あさる
- 083 エコティかわね
- 085 大井川鐵道奥泉駅

086 接岨峡・寸又峡エリア
- 087 たぶの家
- 088 資料館やまびこ
- 089 翠紅苑
- 090 光山荘
- 091 SHOP&CAFE 晴耕雨読
- 092 安竹商店
- 093 （株）長島園
- 094 求夢荘
- 095 紅竹食堂

The 絶景
夢の吊橋

静岡県川根本町・寸又峡の大間ダムにかかる長さ90m、高さ8mの吊橋。トリップアドバイザーで『死ぬまでに一度は渡りたい世界の徒歩吊り橋10選』に選ばれた絶景スポット。
コバルトブルーの神秘的な湖面は「チンダル現象」と呼ばれる光の波長によるもの。色もさることながら、山奥の自然の中に調和した美しいラインを描く造形美も必見です。

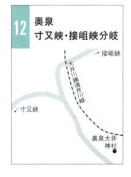

NEW
無料アプリ新登場!!

KAWANE PASSPORT
ルート検索のほか ポイント&スタンプが貯まる!

KAWANE PASSPORT — 地元ガイドおすすめのモデルコースをご案内!

KAWANE PASSPORT — 対象施設でスタンプを集めて景品をゲット!

KAWANE PASSPORT — 川根エリアの観光スポットなど検索しやすい情報一覧

KAWANE PASSPORT — 対象施設で5,000KAWANE POINTを貯めると500Gポイントに交換!

KAWANE PASSPORT — 写真で探す検索機能!

KAWANE PASSPORT — 本誌「KAWANE PASSPORT」の特典内容をマップ上で素早くチェック!

ポイント機能・スタンプラリー機能・クーポン表示機能をご利用する場合は下記のパスワードを入力してください

KWN773

アプリのダウンロードはこちらから!

KAWANE旅に欠かせない!
パスポートとアプリをセットで使いこなそう!

対象施設利用でポイントが貯まる!

スタンプを集めてプレゼントゲット!

目的地へのルート検索・乗換案内OK!

Photo Indexで写真から検索OK!

※各画面のデザインは開発中のものであり、一部異なる場合がございます。

008

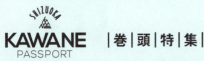

|巻|頭|特|集|

Do the Camp! in KAWANE!

川根には6つものキャンプ場があり、
大自然をめいっぱい感じるキャンプが遊びの定番!
この夏は雄大な景色を贅沢に楽しみ、
ゆったり流れる時を過ごそう!

01 不動の滝自然広場オートキャンプ場

「庭からもう一歩、森の中へ」あなたを誘います

奥大井の豊かな自然のなかにある不動の滝からほど近くにあるオートキャンプ場。ウッドデッキやバー、コーヒースタンドも完備。コース料理のように、あらかじめ用意した地元の食材をご自身で調理していただく「Slow BBQ」も人気です。

アイコンの見方　テントレンタルあり　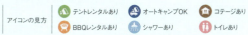オートキャンプOK　コテージあり
　　　　　　　BBQレンタルあり　シャワーあり　トイレあり

静岡県榛原郡川根本町下泉1122
（下泉駅から車で5分・徒歩30分）
TEL 0547-56-1600
●営業期間／通年
●営業時間／IN 14:00・OUT 12:00
●料金／〈入場料〉大人 2,500円・小人 500円
　　　　〈駐車場〉車1台 1,000円・バイク1台 500円

　◀マップは
こちらから

02 池の谷ファミリーキャンプ場

赤松の林の中で心地よいキャンプ場

寸又川河畔の雑木林の中にあり、近くには吊り橋もある心地よいキャンプ場。キャンプファイヤースペースのほか施設を完備した本格的なキャンプ場です。林の中にあるので、日陰が多くあり夏も涼しく過ごせます。

静岡県榛原郡川根本町千頭528-5（千頭駅から10分）
TEL 0547-59-2746

- 営業期間／4月〜11月
- 営業時間／IN 14:00・OUT 10:00・デイ 10:00〜17:00
- 料金／〈入場料〉大人 500円・小人 200円
  1張1泊 1,500円（テント持ち込み）
  バンガロー1泊1棟 5,000円〜
  〈駐車場〉車 300円・バイク 1,000円（入場料+テント持込料込）

◀マップはこちらから

くのわき親水公園キャンプ場 03

自然豊かな大井川沿いにある広大なキャンプ場

川根本町では一番大きなキャンプ場。炊事場、バーベキュー棟、温水シャワー施設、駐車場も完備し、近年グランドゴルフ場も設置され、川遊び、ウォーキングなど年間を通して楽しめます。

静岡県榛原郡川根本町久野脇280（塩郷駅から10分）
TEL 0547-56-1781（受付時間 8:00～17:00）
- 営業期間／通年
- 営業時間／IN 12:00・OUT 11:00
- 料金／一日大人300円・小人150円 ※川根本町の町民は一律100円
  〈駐車場一日〉車300円・バイク150円
  テント1張1,500円（1泊）
  タープ1張500円（デイキャンプ）

◀マップはこちらから

04 三ツ星オートキャンプ場

川根本町の中心にあり、自然いっぱいのキャンプ場

小さな川と森に囲まれた静かなキャンプ場。大札山、山犬段ハイキングと一緒に楽しむことができます。ワークショップなどイベントも充実しているので家族みんなで楽しめます。

静岡県榛原郡川根本町上長尾1143（下泉駅から7分）
TEL 090-2137-2551
http://www2.wbs.ne.jp/~k-life/

- 営業期間／4月末〜11月末
- 営業時間／IN 13:00・OUT 11:00
- 料金／入場料120円（3歳以下無料）、〈駐車場〉540円
  サイト使用料1泊3,800円（車1台分含）、
  デイキャンプ2,700円（車1台分含）

マップはこちらから

アプトいちしろキャンプ場 05

長島ダムのそばにあり、芝生サイトからは南アルプスあぷとラインを間近に眺めることができ、旧井川線のトンネルをウォーキングも楽しめます。

静岡県榛原郡川根本町梅地3-19（奥泉駅から7分）
TEL 080-2636-6128
- 営業期間／3月末～11月
- 営業時間／IN 14:00・OUT 11:00
- 料金／大人 300円・小人 200円(4才以上)
    テントサイト1泊 3,000円
    〈駐車場〉無料(オートサイト1台分)

◀マップはこちらから

06 八木キャンプ場

大井川の河畔にある老舗のキャンプ場。周辺には温泉施設やテニスコート、ちびっ子広場、つり橋があり、キャンプ以外にも十分に楽しむことができます。

静岡県榛原郡川根本町奥泉761-2（千頭駅から10分）
TEL 0547-59-2746
- 営業期間／4月～11月
- 営業時間／IN 12:00・OUT 12:00・デイ 12:00～17:00
- 料金／1日 300円 ※小学生未満無料
    〈駐車場〉車300円、テント持込み料1,200円
    タープ1張500円

◀マップはこちらから

WE LOVE KAWA

夢の吊橋・寸又峡温泉・川根温泉・奥大井湖上駅・
大井川鐵道・SL・アプト式列車・川根茶摘み体験など
日本の原風景が残る、美しすぎる山奥の
『秘境』の旅へ出かけよう!

関の沢鉄橋

NE

接岨峡エリア「関の沢鉄橋」

金谷・川根エリア

大井川鐵道SLはここから出発!

見渡す限り緑のお茶畑が広がる"金谷・川根エリア"は、ギネスブック認定の世界一長い木の橋、大井川鐵道SLの始発駅でもある「新金谷駅」など、見所が豊富。のんびりと眺める景色は河川・山々・茶畑などが多彩のほか、話題のパラグライダーでアクティビティを楽しむこともでき、楽しいことが盛りだくさん!

KAWANE PASSPORT 対象施設

- 040 とろろ屋ととろ
- 041 喫茶 ん
- 042 中屋酒店
- 043 さくら茶屋
- 044 朝日園 駅前本店
- 045 たいやきや
- 046 お食事処 たばこや
- 047 マルイエ醤油川根本家
- 048 朝日園茶房 遊
- 049 川根温泉ふれあいの泉
- 051 Sky TEC フライングアカデミー

018

"三大銘茶"
川根茶の
美味しさに感激!

大井川鐵道塩郷駅そばの長い吊橋をくぐると、奥大井への旅の始まりです。奥大井の玄関口であるこのエリアは、川面から高さが10mあるスリル満点の塩郷の吊り橋や、SLやトンネル、鉄橋のほか、神社・寺院などたくさんの観光スポットがあります。茶摘み体験や美味しいお茶の淹れ方を学ぶこともでき、川根の文化と自然を満喫できる場所です。

奥大井 南部エリア

KAWANE PASSPORT 対象施設

- 053 軽食・喫茶・農家民宿 ともしび
- 054 昇陽堂
- 055 せせらぎの郷
- 056 不動の滝自然広場オートキャンプ場
- 057 野口屋
- 058 食事処 さか希
- 059 和彩食堂あけぼの
- 060 農家民宿 天空の宿
- 061 三ツ星オートキャンプ場
- 062 フォーレなかかわね茶茗舘
- 063 茶茗舘販売所 緑のたまてばこ
- 064 さわい農園
- 065 こやぶ園茶舗
- 066 川根茶直売所 山香荘茶園

SHIZUOKA
KAWANE PASSPORT

千頭エリア

KAWANE PASSPORT 対象施設
- 068　生粋川根茶 澤本園
- 069　ケーブルテクニカやんばい処
- 070　川根茶製造販売(株)坂本園
- 071　山本屋旅館 遊工房
- 072　blooper backpacks
- 073　奥大井音戯の郷
- 074　cafe うえまる
- 075　cafe うえまる千頭駅前店
- 076　大井川鐵道 千頭駅売店そばコーナー
- 077　カーケア中原
- 078　ゑびすや食堂
- 079　おざわ屋食堂
- 080　エディオン堀電器千頭店
- 081　前田工房
- 082　玄米彩食 あさる
- 083　エコティかわね
- 085　大井川鐵道奥泉駅

山岳鉄道 ならではの景色を トロッコ列車で味わう!

大井川鐵道SLの終着駅であり、日本一の急勾配を走行する井川線トロッコ列車の始発駅でもある千頭駅は、多くの鉄道ファンや観光客で賑わうスポット。大井川上流の脇に広がるのどかな町で、車や列車のアクセスにも恵まれていて、お土産屋や飲食店もたくさんあるので、気軽に自然や観光を楽しみたい方にはおすすめです。

見渡す限りの
絶景に感動!

大井川の上流に位置するこのエリアには、「死ぬまでに一度は渡りたい世界の徒歩吊り橋10選」にも選ばれた神秘的な青い水を湛えた湖面にかかる「夢の吊橋」や、深い渓谷をせき止めた長島ダムなどダイナミックで美しい景色が楽しめます。また、美女づくりの湯として有名で良質な温泉の寸又峡温泉など川根の奥地に広がる秘境をお楽しみください。

KAWANE PASSPORT 対象施設

- 087 たぷの家
- 088 資料館やまびこ
- 089 翠紅苑
- 090 光山荘
- 091 SHOP&CAFE 晴耕雨読
- 092 安竹商店
- 093 (株)長島園
- 094 求夢荘
- 095 紅竹食堂

SHIZUOKA
KAWANE PASSPORT

接岨峡・寸又峡エリア

人気インスタグラマーが見る
KAWANEの魅力

01 YURIE@yuriexx67

趣味で始めたキャンプを自身のInstagramアカウントで写真を公開し、女子でもできるアウトドア"週末ソトアソビ"を提唱。商品、空間プロデュースや企業とのタイアップ、連載など活動は多岐にわたる。愛車のバン（愛称サンシー号）で日本各地を旅することが好き。2017年2月、KADOKAWAより初の著書「THE GLAMPING STYLE 〜YURIEの週末ソトアソビ〜」を出版。

不動の滝自然広場オートキャンプ場。
可愛いコーヒースタンドの前で撮影。細部までこだわりを感じる気持ちの良いキャンプ場でした！敷地内にはお洒落なBarやツリーハウスがあり、思わずワクワクしてしまいます。オーナーさん方々も暖かくて、お気に入りのキャンプ場になりました。

人気のインスタグラマー5人が川根を満喫!
魅力あふれる川根は彼女たちの視点からはどう見える?
インスタジェニック的視点から魅力を探ります。

公式チャンネルでインスタグラマー5人が
川根を旅するスペシャルムービー公開中

奥大井の大自然の中、緑のトンネルをくぐっている時に撮った写真。
秘境駅の奥大井湖上駅にも降り立つことができて感激しました。カメラ好きのみんなが1番シャッターを切っていたのが電車に乗っていた時でした。思わずシャッターを切ってしまう瞬間の連続。

接岨湖で乗ったカヤック。
湖の中心から見る景色はまた違った様に見えて、格別でした。ガイドさんが丁寧にわかりやすくレクチャーしてくれるので、初心者でも楽しめます!

カヤックの次は橋の上から!
車窓から眺める景色は眺めが最高です。ゆっくりと走り、窓も大きいので景色を存分に楽しむことができました。

02 @maoizm

"右脳で人生楽しむ"がモットー！空間コーディネートからアパレルのディレクションまで幅広く活躍するインスタグラマー。Instagramでの仕事が増えて来たことを機に昨年フリーランスに。趣味はピクニックで、自身主催のピクニックイベントを行うなど日々ワクワクを探している。

生粋の川根っ子、商工会西澤さん。にっこり笑う西澤さんが持っている黄色い花。一見キレイに見えるんだけど実は外来種で駆除している花なんだとか。「川根に来たら根っ子から抜いてね！」なんて冗談まじりで話してくれました！

このお花が川根のそこら中に咲いていたの。大ぶりの花が木に咲いているのは珍しくて見とれてしまった。個人的には白いお花が一番好きなので、どんな花か知りたかったんだけどうっかり名前を聞き忘れちゃった！でも、宿題が出来た。この花の名前を調べて、改めて川根に見に行こう。

80歳で一人農家民宿の「天空の宿」を切り盛りするお母さん。私たちにおはぎ作りをレクチャーしてくれたよ！写真以外にもご馳走を山ほど用意して歓迎してくれたよ！夜はBBQをしながらお母さんと女子トークで盛り上がっちゃった（笑）チャーミングな笑顔が忘れられない。

ここからパラグライダーが出来るんだよ♡私はYURIEちゃんが飛び立つところの動画を撮っていたんだけど本当に鳥のように飛んで気持ち良さそうだった！次回は是非体験してみたいな♪

03 @natsumiii_blue

"旅好きクリエイター"写真・動画撮影、編集、被写体、ディレクションとマルチにこなす旅好きクリエイター。旅先での感動を写真や動画に納めることが生き甲斐。納めた写真や動画は自身のInstagramでシェア。因みにプロフィール画像は趣味のビーチピクニックを撮影したもの♡

川根の街を愛してやまない商工会の西澤さん。写真の当日のスケジュールにはなかったのですが「もうすぐ鉄道が来るから!」と急いで車のハンドルを切って湖上駅を一望できるスポットまで案内してくれました。車を降りてこのスポットまで皆んなで走ったのが良い思い出♡

レーザー彫刻体験。
川根茶を頂きながらグラスにどんなデザインを彫るか皆んなで真剣に悩みました。素敵に仕上げて頂いたグラスで冷茶を飲むぞー!次回は木箱のレーザー彫刻に挑戦したい♡

この旅で1番楽しみにしていたことは夢の吊橋を訪れること。幻想的なブルーの水面を目の前にするとみんな大興奮!ついついカメラや携帯で沢山写真を撮ってしまいました♡

川根の街に数多く流れる川はどこを切り取っても絵になる!深みのあるターコイズブルーに光る川を初めて見た時は驚きと感動で心が踊りました♡

04 @azmee1113

Graphic Designer / Movie Editing

愛車のVANをDIYして、海や山をドライブしながら大自然の中で特別な時間"VANLIFE"して過ごすのが趣味。目で見て触れて肌で感じた特別な瞬間を切り取って動画編集することを得意とする。

人生で初めてのパラグライダー
空飛ぶ前の絶景spotで記念撮影☆
風に乗るってめちゃくちゃ気持ちが良くて気分が穏やかになれる不思議な体験だから、是非みなさんにもTRYしてもらいたいアクティビティです!

農家民宿、天空の宿で食べた素敵な朝ごはん♡
心から温まるお味噌汁とあったかい白いご飯。たくさんの手作り料理に囲まれて…
朝早くからお腹と心も満たされた日本人として世界一幸せだった朝食!

川根の景色を一望できる列車に乗って絶景をたくさん満喫しました!あいにく雨だったせいか、、列車は貸切状態!(笑)だからか、車掌さんが川根についてたくさん色んなことを丁寧に教えてくれました☆記念にパシャリ!!

不動の滝キャンプ場から帰る時、突然の大雨の中出してくれたコーヒー。TOMさんの優しさにほっこり☆すごくオシャレなキャンプ場で心も安らぐ素敵な空間!夜はBARもあって本当にずっと楽しめます☆

05 @acchinart

デザイナー、イラストレーター。テレビ番組のアシスタントディレクターを経てグラフィックデザイナー、イラストレーターとして活動中。広告デザインやHPデザイン、テレビ番組イラストなど多岐にわたる。インスタグラムでは手描きのイラストやチョークアート作品を公開しています。

川根温泉の道の駅で足湯!
地元の方みなさん親戚の方かと思うくらい気さくに話しかけてくれて最後には足拭き用のタオルまで貸してくれました。
足だけじゃなく心も温まる街でした。

2日目に訪れたパラグライダーをする山頂での1コマ。インストラクターの方が20キロもあるパラグライダーを担ぎスタート地点まで運んでいる風景が綺麗で思わず撮ってしまいました。

SLが通り過ぎるのをみんなで眺めた後の写真。
SLに乗っていたお客さんが私たちに向かって手を振ってくれて街全体が優しさで満ち溢れていました。

サプライズでプレゼントしていただいたレーザー木彫り!私が描いた落書きを転写してくれていてさりげない心遣いにとても感動しました。
ありがとうございました!

Travelling by
大井川鐵道

大井川鐵道は、大井川に沿って走る金谷―千頭間の大井川本線(39・5キロ)と、千頭―井川間の井川線(25・5キロ)を運行しています。日本で唯一、年間300日以上SLを営業運転している鉄道会社で、SLの年間走行日数はもちろん、総走行キロや現役運行台数も日本一!車内は昭和10〜20年代に製造されたもので、木の座席や白熱灯、扇風機などレトロかわいい雰囲気が満載!のどかな風景の中を走る鉄道の旅をお楽しみください。

― SL　― 普通電車　― アプトライン　― 路線バス

金谷 ― 新金谷 ― 代官町 ― 日切 ― 五和 ― 神尾 ― 福用 ― 大和田 ― 家山 ― 抜里 ― 川根温泉笹間渡 ― 地名 ― 塩郷 ― 下泉 ― 田野口 ― 駿河徳山

※1 川根温泉笹間渡　※2 下泉

※1.川根路2号のみ停車　※2.川根路1号のみ停車

031

奥大井湖上駅

青部 — 崎平 — 千頭 — 川根両国 — 沢間 — 土本 — 川根小山 — 奥泉 — アプトいちしろ — 長島ダム — ひらんだ — 奥大井湖上 — 接岨峡温泉 — 尾盛 — 閑蔵 — 井川

032

鉄道＆バス全区間乗り放題

大井川周遊きっぷ

金谷〜井川往復で通常6,260円ですので、断然おトク!!

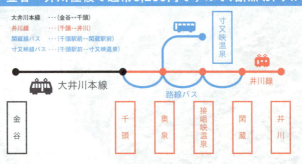

大井川本線 ‥‥（金谷↔千頭）
井川線 ‥‥（千頭→井川）
閑蔵線バス ‥‥（千頭駅前↔閑蔵駅前）
寸又峡線バス ‥‥（千頭駅前↔寸又峡温泉）

夢の吊橋や奥大井湖上駅など「奥大井エリア」の人気観光スポットを楽しむのに最適な、鉄道＆バス全区間乗り降り自由の超お得なフリーきっぷです。奥泉駅・井川駅でも取扱いを開始します。

※SLやトーマス号に乗車の際は、別途急行券が必要です。

通年（有効期間2日間）	大人／4,400円	小人／2,200円
通年（有効期間3日間）	大人／5,400円	小人／2,700円

※ 有効期間内乗り降り自由
適用区間：大井川本線(金谷－千頭)・井川線(千頭－井川)・寸又峡線バス(千頭駅前－寸又峡温泉)・閑蔵線バス(千頭駅前－閑蔵駅前)
●販売駅：金谷駅・新金谷駅・プラザロコ内SLセンター・千頭駅・奥泉駅・井川駅

マイカーご利用の方におすすめ！

井川線周遊きっぷ

千頭〜井川往復で通常2,640円ですので大変おトク!!

マイカーで千頭までお越しいただいたお客様に最適な、井川線＆バス全区間乗り降り自由のお得なフリーきっぷです。奥泉駅・井川駅でも取扱いを開始します。

適用期間：通年	大人／1,800円	小人／900円

適用区間：井川線(千頭－井川)・寸又峡線バス(千頭駅前－寸又峡温泉)・閑蔵線バス(千頭駅前－閑蔵駅前)
販売駅：千頭駅・奥泉駅・井川駅

詳しい内容は、大井川鐵道HPをご覧ください。

大井川鐵道 おすすめモデルコース [日帰り]

ぎゅっと凝縮！千頭コース

SLに乗って、散策して、アプト式列車にもちょっとだけ乗って、さらに昭和な電車で帰ってくる。欲張りな日帰りコースです。

1 金谷駅発 11:26
まずは普通電車で、JR東海道線と接続している金谷駅から新金谷駅へ。約3分で新金谷駅に到着します。

2 新金谷駅着 11:29

3 新金谷駅発 11:52
SLに乗って、大井川本線SLの旅に出発。お弁当はプラザロコで。車窓の景色を眺めながらのランチタイムがおすすめ。

4 千頭駅着 13:09

5 音戯の郷
千頭駅となり(徒歩約5分)の体験施設"音戯の郷"へ。館内にはカフェもあります。※火曜休館

6 両国吊り橋
音戯の郷で遊んだら、川根両国駅まで歩いてみましょう。大井川の流れを眺めながら両国吊り橋を渡ります。ゆっくり歩いて約25分の道のりです・

7 川根両国駅発 16:29
川根両国駅から千頭駅まで、ひと駅分だけ南アルプスあぷとラインに乗ります。ほんの5分ほどの時間ですが、山岳鉄道の雰囲気をお楽しみください。

普通電車出発までに17分の余裕があります。

8 千頭駅着 16:34

9 千頭駅発 16:51
普通電車にゆっくりゆられて新金谷駅方面に戻ります。

10 新金谷駅着（普通電車） 17:58

11 新金谷駅発

12 金谷駅着 18:02

034

大井川満喫！寸又峡コース

大井川鐵道 おすすめモデルコース　**1泊2日**

SL、アプト式列車、普通電車、そしてバス。
周遊きっぷを思い切り使って、寸又峡温泉を目指すコースです。
1泊2日で大井川の旅をじっくりとお楽しみいただけます。

DAY 1

1　金谷駅発
11:26

まずは普通電車で、JR東海道線と接続している金谷駅から新金谷駅へ。約3分で新金谷駅に到着します。

2　新金谷駅着
11:29

3　新金谷駅発
11:52

SLに乗って、大井川本線SLの旅に出発。お弁当はプラザロコで。車窓の景色を眺めながらのランチタイムがおすすめ。

4　千頭駅着
13:09

5　千頭駅発
13:35

SLの次は、アプト式列車。接岨峡温泉駅まで、南アルプスあぷとラインの旅に出発。南アルプスの麓の山間を縫うように走るあぷとライン。アプトいちしろ駅、長島ダム、奥大井湖上駅など、見どころがたくさん。

6　接岨峡温泉駅着
14:47

7　接岨峡温泉駅発
15:25

駅周辺で景色を楽しみリフレッシュしたら、再びアプト式列車に乗って来た道を戻ります。奥泉駅で降り、寸又峡行きの路線バスに乗り換えます。

8　奥泉駅着
16:05

9　奥泉駅発
16:40

約30分で寸又峡温泉に到着。静かな山の温泉でゆったりとお過ごしください

10　寸又峡温泉着
17:10

DAY 2

1 夢の吊橋

朝食を終えたら寸又峡の名所"夢の吊橋"への散歩に出かけてみましょう。エメラルドグリーンの水面がとても美しい人気スポットです。

2 寸又峡温泉発
11:20

路線バスで千頭駅へ戻ります。

3 千頭駅着
12:00

駅に着いたら昼食を済ませておくのがオススメです。駅には立ち食いそばのお店もあります。(14:35千頭駅発⇨15:46金谷着の普通電車もあります)

4 千頭駅発
12:45

普通電車でのんびり金谷へ戻りましょう。

5 新金谷駅着
13:52

6 プラザロコ

お土産はプラザロコで。大井川鐵道オリジナル商品もいっぱい。

7 新金谷駅発
15:42

8 金谷駅着
15:47

電車の時間は　大井川鐵道の公式サイトへ
http://oigawa-railway.co.jp/

036

金谷・川根エリア

- 053 軽食・喫茶・農家民宿 ともしび
- 054 昇陽堂
- 055 せせらぎの郷
- 056 不動の滝自然広場 オートキャンプ場
- 057 野口屋
- 058 食事処 さか希
- 059 和彩食堂あけぼの
- 060 農家民宿 天空の宿
- 061 三ツ星オートキャンプ場
- 062 フォーレなかかわね茶茗舘

SHIZUOKA
KAWANE PASSPORT

静岡県 島田市＆川根本町

最大 94回利用できる

千頭エリア

- 068 生粋川根茶 澤本園
- 069 ケーブルテクニカやんばい処
- 070 川根茶製造販売（株）坂本園
- 071 山本屋旅館 遊工房
- 072 blooper backpacks
- 073 奥大井音戯の郷

- 087 たぶの家
- 088 資料館やまびこ
- 089 翠紅苑
- 090 光山荘
- 091 SHOP&CAFE 晴耕雨読
- 092 安竹商店
- 093 （株）長島園
- 094 求夢荘
- 095 紅竹食堂

- 040 とろろ屋ととろ
- 041 喫茶 ん
- 042 中屋酒店
- 043 さくら茶屋
- 044 朝日園 駅前本店
- 045 たいやきや
- 046 お食事処 たばこや
- 047 マルイエ醤油川根本家
- 048 朝日園茶房 遊
- 049 川根温泉ふれあいの泉
- 051 Sky TEC フライングアカデミー

- 063 茶茗舘販売所 緑のたまてばこ
- 064 さわい農園
- 065 こやぶ園茶舗
- 066 川根茶直売所 山香荘茶園

奥大井南部エリア

1 店舗&施設のクーポンブック!

- 074 cafe うえまる
- 075 cafe うえまる千頭駅前店
- 076 大井川鐵道 千頭駅売店そばコーナー
- 077 カーケア中原
- 078 ゑびすや食堂
- 079 おざわ屋食堂
- 080 エディオン堀電器千頭店
- 081 前田工房
- 082 玄米彩食 あさる
- 083 エコティかわね
- 085 大井川鐵道奥泉駅

接岨峡・寸又峡エリア

038

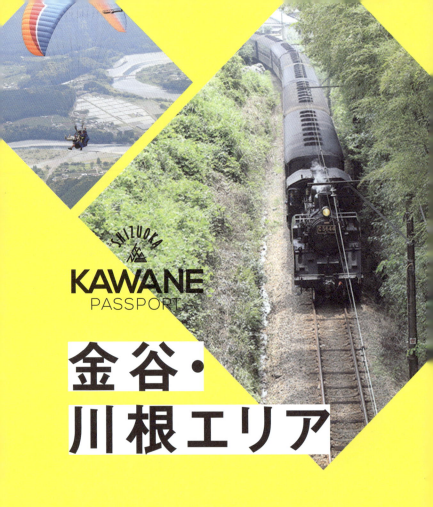

金谷・川根エリア

大井川鐵道SLは
ここから出発!

KAWANE PASSPORT 対象施設

- 040 とろろ屋ととろ
- 041 喫茶 ん
- 042 中屋酒店
- 043 さくら茶屋
- 044 朝日園 駅前本店
- 045 たいやきや
- 046 お食事処 たばこや
- 047 マルイエ醤油川根本家
- 048 朝日園 茶房 遊
- 049 川根温泉ふれあいの泉
- 051 Sky TEC フライングアカデミー

食事

特 典
とろろ汁の お食事セット 200円引き

食事・デザート

「農を食でつなぐ」を理念に、生産者の顔が見えるレストラン

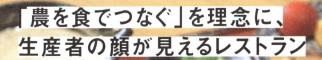

自然薯農家が丹念に育てた新鮮でおいしいとろろが大人気のお店。自らが自然薯やお茶の生産をしている生産者が営むレストランで、粘り強い自然薯を使用した創作料理を提供しています。濃厚なとろろ汁を是非一度お召し上がり下さい。

上／静岡県産金豚王(きんとんおう)のカルビを使った人気の焼肉とろろ丼。
中／とろろ丼に漬けまぐろを乗せています。
下／おすすめの石神農園のイチゴを使用した"和風いちごパフェ"。

とろろ屋ととろ

〒428-0034 島田市金谷富士見町3172
TEL 0547-32-9637

● 営業時間／11:00〜15:00、17:00〜22:00
● 定休日／木曜日(水曜日はランチのみ営業)
http://tororoyatotoro.com

◀マップは
こちらから

040

特典	
セットドリンクサービス ※ランチをご注文の方対象	✓
かき氷にお好きなトッピング1つサービス	✓
※夏季終了後は、デザートご注文の方にドリンク半額

ランチ・デザート

SLを眺めながらのんびりできる喫茶店。

昔ながらの懐かしさが漂う「喫茶ん」は、大井川鐵道五和駅から歩いてすぐにあり、日替わりランチをはじめ、ランチメニューのほか、パフェ・ホットケーキ・クリームあんみつなどのデザートも充実。居心地が良く"ほっとする空間"で一息つくにはピッタリです。

上／昔ながらの機械で作るふわふわの口どけのかき氷。
中／パスポート提示でランチにセットドリンクサービス。
下／気さくでやさしいスタッフの方との会話も楽しい！

喫茶 ん

〒428-0011 島田市番生寺726-8
TEL 0547-46-1913

● 営業時間／10:00〜19:00
　※金・土は夜も営業（〜23:00）
● 定休日／月・第3日曜

◀マップはこちらから

特典
〈酒場〉乾杯ドリンク 1杯サービス 〈店頭小売〉地元の酒 「かなや日和」720ml 100円OFF!

酒場・一品料理

昭和の雰囲気が残る
昔ながらの酒場併設の酒屋

大井川鐵道五和駅から徒歩5分の処にある「中屋酒店」。木造平屋の建物には、手前には酒屋があり奥へと抜けると酒場になっていて、近所の常連さんなどが集まる人気のお店です。お店の脇の田んぼで作ったお米を元に醸造した中屋酒店オリジナルの地酒「かなや日和」はどんな料理にも合う人気のお酒。

上／定番のもつ煮込みは、噛めば噛むほど旨みが溢れ出します!
中／ズラリと並ぶお品書きの数々。思わず食べ過ぎてしまうかも!?
下／昭和のレトロな雰囲気が漂う店内で、お酒も進みます。

中屋酒店

〒428-0005 島田市横岡新田228
TEL 0547-45-3208

● 営業時間／8:00〜21:00
　　　　　　酒場は16:00〜
● 定休日／火曜日・第2・4月曜日

◀ マップは
　こちらから

042

特典
そばメニュー 全品50円OFF!

食事・お菓子

地元の食材を使用し、「手作り、ぬくもり、川根らしさ、懐かしさ」を届けます

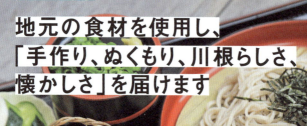

お母さん手作りの店「さくら茶屋」は、お弁当、惣菜、こんにゃくみそなど地元の食材を使って、昔ながらの方法で作っています。食事の手打ちそばに使用するそば粉と小麦粉は国産にこだわり、トッピングの山菜や天ぷらの食材は川根産。冬場にはいのししのやわらか煮を乗せた「いのししそば」が人気です。

上／地元のお母さん手作りのお店は地元の方にも人気です。
中／こんにゃく畑から収穫して作るできたてのこんにゃくは味噌田楽でどうぞ!
下／売店で販売している、よもぎまんじゅうや4色まんじゅうも人気!

さくら茶屋

〒428-0104 島田市川根町家山4164-1
TEL 0547-53-4505

● 営業時間／9:00～16:00
● 定休日／火曜日
http://shizuoka.47.jp/sakurajyaya/

◀マップはこちらから

特典
店内商品ご購入の方に「オリジナルティーバッグセット（煎茶・紅茶）」プレゼント！ ※税別700円以上お買上の方対象

川根茶・茶菓子

茶の香愉しむ店内で美味しさとひと休み

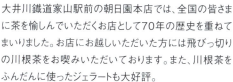

大井川鐵道家山駅前の朝日園本店では、全国の皆さまに茶を愉しんでいただくお店として70年の歴史を重ねてまいりました。お店にお越しいただいた方には飛びっ切りの川根茶をお喫みいただいております。また、川根茶をふんだんに使ったジェラートも大好評。

上／昔懐かしいカラフルな飴玉。「お茶みるく味」もあります。
中／昔ながらの茶箱が並ぶ店内は、茶処の情緒たっぷりです。
下／かわね茶を練り込んだ朝日園オリジナルシフォンケーキも人気商品！

朝日園 駅前本店

〒428-0104 島田市川根町家山370-4
TEL 0547-53-2058

● 営業時間／8:00～18:00
● 定休日／なし
http://tea-asahien.com/

マップはこちらから

特典

**焼きそばorラーメン
ワンコイン500円！**

※焼きそば通常550円の品／
ラーメン通常650円の品

昭和の人情店

川根といえば･･･
老若男女に愛される老舗の味

名物「抹茶たいやき」はパリパリした川根茶入りの皮と北海道産の小豆を使用したあんこが評判のグルメです。また、創業以来継ぎ足し使われる黒いおつゆで煮込んだ「静岡おでん」やソースが香ばしい「特製焼きそば」、細麺にスープがよく絡む「ラーメン」など昔ながらのメニューが味わえます。

上／地元の味、「静岡おでん」は秘伝のつゆが味の決め手！
中／皮がはみ出したい焼きは、あんこもたっぷりでボリューム満点！
下／昭和の雰囲気を残す店内は、連日多くのお客さんで賑わいます。

たいやきや

〒428-0104　島田市川根町家山668-3
TEL 0547-53-2275

● 営業時間／10:00〜15:30
● 定休日／木曜日（水曜不定休）

マップは
こちらから

045

特典
お食事をされた方に季節のデザートプレゼント！

食事・デザート

地元の方も通う昔ながらのお食事処

戦後、祖父がたばこ販売から商売を始めたことが店名の由来。人気の日替わり定食や甘味のあるタレが好評のカツ丼のほか、おそば・うどんなどのメニューが充実しているお店です。ボリューム満点なのにリーズナブルなのも魅力的で、気軽に立ち寄れるお店です。

上／日替わりのメインの他、おばんざい、小鉢とボリューム満点!
中／パスポート提示で食後のデザートに季節のフルーツを!
下／落ち着いた雰囲気の広々とした店内

御食事処 たばこや

◀マップはこちらから

〒428-0104 島田市川根町家山660-2
TEL 0547-53-2103

● 営業時間／11:00～14:00、17:00～20:00(要予約)
● 定休日／月曜日
http://shizuoka.47.jp/tabakoya/

046

特典
税別700円以上お買上げの方に粗品プレゼント！ ※粗品は時期によって変わります

創業明治四十三年

四代続く昔ながらの製法で創り出す伝統の味

明治43年（1910年）に創業し、代々受け継がれる伝統の技と、こだわりの天然醸造で作り続ける味噌醤油醸造元。仕込みから店頭に並ぶまで、一つ一つ職人達の手作業で丁寧に行い、安心安全な美味しい味噌醤油をお届けしています。蔵元直出しの醤油や、桶型容器の味噌のほか雑貨なども販売しているほか、工場見学も可能です。

上／かわいいパッケージの醤油や味噌はおみやげにもおすすめ!
中／樽型容器の味噌はお店の人気商品!
下／「金山寺納豆」は麹・醤油・大豆を混ぜて作る粘らず臭わない納豆。

マルイエ醤油 川根本家

 マップはこちらから

〒428-0104島田市川根町家山796
TEL 0547-53-2212

● 営業時間／10:00〜18:00
● 定休日／水曜日
● 予約／工場見学は3日前までに要予約
http://shop.maruie-shouyu.com/

特典
お茶バーガー 500円！ ※通常680円の品

お茶カフェ&雑貨

茶畑に囲まれた場所に建つ
からだに優しい「茶ンクフード」!

老舗の茶舗「朝日園」が経営するお茶カフェは、本場の川根茶やお茶を使ったスイーツが楽しめるほか、雑貨や陶器の販売も行っています。
お茶を混ぜ込んだ国産肉に特製のお茶ソースを使用したお茶バーガーは絶品！光溢れる店内、茶畑に囲まれたテラスでゆったりと過ごせます。

上／川根茶をたっぷり使用したシフォンケーキ
中／お茶を使用したオリジナルドリンクも豊富!
下／インテリア小物としても人気のかわいい茶缶はサイズも色々。

朝日園 茶房 遊

〒428-0103 島田市川根町身成4693
TEL 0547-53-4488

◀マップはこちらから

- 営業時間／10:00〜17:45
- 定休日／不定休
http://tea-asahien.com/

食事　買い物　お土産
宿泊　温泉

天然温泉とプール

全国でも珍しい
SLを見ることができる天然温泉

源泉掛け流しの天然温泉は男女合わせて11箇所の浴槽があり、露天風呂をはじめ大浴場や水着で楽しめる温水プール、岩盤浴、サウナなどさまざまな温浴施設がそろっています。汽笛を鳴らして大井川を渡るSLを眺めることができ、全国の鉄道ファンにも人気です。（SLは、12:30と15:30に1本ずつ通過）

特典
施設利用料金割引(大人) 入浴:510円⇨400円 プール:710円⇨550円 入浴とプール:1,020円⇨820円 ※1回1名様まで

上／人気の手作りまんじゅうをはじめお茶どころならではの商品も。
中／すっきり系の塩ラーメンは温泉あがりに最高の一杯!
　　(2階お食事処ランチのみ)
下／檜風呂・岩風呂など広々とした人気の露天風呂。

川根温泉
ふれあいの泉

〒428-0101 島田市川根町笹間渡220
TEL 0547-53-4330

● 営業時間／9:00〜21:00(20:30受付終了)
● 定休日／毎月第1火曜日(変動あり)

マップはこちらから

特典	
パラグライダー体験料10%OFF	✓
	✓

アクティビティ

空の上から眺める絶景に感動!
忘れられない体験に。

大井川が作り出した絶景「鵜山の七曲り」を眼下に見下ろし、海抜900mから離陸し大空に舞い上がります。遠くには富士山や駿河湾、さらにタイミングが合えば上空からSL機関車も見られます!初めての方でもインストラクターが一緒なので安心!

上／900mの山頂では、ほうきを使って飛ぶことができる??
中／世界チャンピオンのインストラクターがレクチャーしてくれるので安心!
下／インストラクターと一緒にあこがれの空中散歩!

**Sky TEC
フライングアカデミー**

〒428-0101 島田市川根町笹間渡602-70
TEL 090-7801-6518

● 営業時間／9:00～17:00
　（前日までに要予約※空きがあれば当日も可）
● 定休日／不定休
http://sky-tec.net

◀マップはこちらから

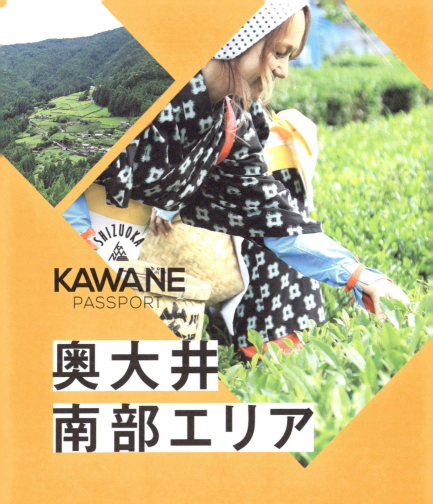

KAWANE PASSPORT

奥大井南部エリア

"三大銘茶"川根茶の美味しさに感激!

KAWANE PASSPORT 対象施設

- 053 軽食・喫茶・農家民宿 ともしび
- 054 昇陽堂
- 055 せせらぎの郷
- 056 不動の滝自然広場オートキャンプ場
- 057 野口屋
- 058 食事処 さか希
- 059 和彩食堂あけぼの
- 060 農家民宿 天空の宿
- 061 三ツ星オートキャンプ場
- 062 フォーレなかかわね茶茗舘
- 063 茶茗舘販売所 緑のたまてばこ
- 064 さわい農園
- 065 こやぶ園茶舗
- 066 川根茶直売所 山香荘茶園

食事　買い物　体験

宿泊　温泉

特典
飲食税別1,000円以上で「こだわり手作りケーキ」サービス！

農家民宿＆カフェ
お母さんのおもてなしカフェで ゆったり時間

魚釣りやカヌー、BBQなどのアウトドアが楽しめ、目の前には大井川という最高のロケーションの農家民宿「ともしび」。ロッジ風のレストランカフェでは、食事のほか、自家栽培小麦を使用したケーキや本格焙煎コーヒーをお楽しみいただけます。

左／2階のテラス席からは、大井川を眺める事ができます。
中／店内もログならではの木の香りに包まれた優しい空間。
右／敷地内には遊び心いっぱいの仕掛けに子供も大喜び。

軽食・喫茶・農家民宿 ともしび

〒428-0305 川根本町地名9
TEL 0547-56-2131

 マップはこちらから

● 営業時間／平日17:00〜21:00
　　　　　　土日祝11:00〜21:00
● 定休日／月曜日(月曜日が祝日の場合は翌日)

053

特典
自家製お菓子 お買い上げ金額より 5％OFF！

銘菓、わさび大福

"川根らしさ"を追求した創作和菓子店

川根茶を使用した「川根茶ようかん」をはじめとして、川根らしい魅力が詰まった創作和菓子店として、地域の方、観光客の方々に人気のお店。長い時間をかけて開発した看板メニューの「わさび大福」が人気で、遠方から訪れる方も多い。

左／川根茶のお茶請けにもピッタリの「川根茶ようかん」。
中／館茶畑に囲まれて食べる和菓子は、ここにしかない粋な味わい。
右／川根茶の羊羹や芋の生大福など、ユニークなお菓子が並びます。

昇陽堂

〒428-0305 川根本町地名260-11
TEL 0547-56-1312

● 営業時間／9:00～19:00
● 定休日／なし　※臨時休業あり

◀マップはこちらから

特典
プリンセット&バウムクーヘン50円OFF！ ※せせらぎプリン&緑茶プリン食べ比べセット 　通常350円の品 　川根緑茶バウムクーヘン1/4カット 　通常300円の品 ※同時購入可

川根茶スイーツ

川根茶を使用した
オリジナルスイーツを塩郷で味わう

塩郷の吊り橋のたもとにある美味しいお茶スイーツと地場産品を扱うお店。濃厚なお茶の香りが広がる川根茶バウムクーヘンのほか、プリンやキャラメルも人気です。スイーツで一休みしたい時やちょっとしたお土産にもぴったりのお店です。

左／なめらかな口当たりと濃厚な味わいのせせらぎプリン。
中／川根緑茶プリンは、濃厚なお茶の風味が広がります。
右／川根茶のバウムクーヘンは絶妙な焼き加減でしっとりふんわり。

せせらぎの郷

〒428-0304 川根本町下泉1931
TEL 0547-56-1588

● 営業時間／10:00〜17:00
● 定休日／月〜金曜日・その他臨時休業あり
　冬季休業（12月中旬〜3月末）

▶マップはこちらから

特典
ソフトドリンク 1杯サービス （宿泊者のみ）

ファミリーオートキャンプ場

Come on, let's camp!

不動の滝自然広場オートキャンプ場は、静岡県を横断する大井川の中流域、南アルプスの南端部にある小さな森のキャンプ場です。澄んだ空気、川の音、暖かな炎、瞬く星たち。"ありのままの自然"と"創造された空間"がグラデーションのように交わる「場所」です。自然と文化が融合する新しいキャンプのスタイルとスペースを提案します。

左／おしゃれな管理棟では、美味しいコーヒーのテイクアウトも！
中／キャンプ場内にはなんと、お酒が飲めるアジアンテイストのバーが常設！
右／地元・川根の町で食材を調達し楽しむ、BBQがオススメです！

不動の滝自然広場オートキャンプ場

〒428-0304 静岡県榛原郡川根本町下泉1122
TEL 0547-56-1600
● 営業時間／IN 14:00・OUT 12:00
　管理棟営業時間 9:00～18:00
● 料金／(入場料)大人2,500円 ／小人 500円
　(駐車場)車 1台 1,000円／
　バイク1台 500円
http://www.ffnpcs.com/
※WEBにて要予約。宿泊当日にKAWANE PASSPORTをお持ちください。

◀マップは
　こちらから

056

特 典
パスポート限定特別ランチを1,000円で！

地産地消の手料理

川根らしさを大切にする料理が人気の旅館

食を通して川根を知ってもらうために、地元の食材を使用しています。パスポート持参の方のみ提供できる、自家栽培の野菜を多く取り入れたメニューを提供！ハンバーグは、2日前までにご連絡いただくと、イノシシかシカのハンバーグに変更もできます。

左／オムライスと特製てごねハンバーグのプレート。
中／目移りしそうなメニューの数々に思わず笑顔もこぼれます。
右／優しい女将さんの人柄にふれ常連客も多い宿です。

野口屋

〒428-0314 川根本町下長尾228-1
TEL 0547-56-0046

● 営業時間／11:30〜14:00
● 定休日／不定休

◁マップはこちらから

特典
手打ちそばセット（天丼＆かつ丼）1,000円！ 1日10食限定
※通常1,400円の品
その他商品100円引き

手打蕎麦・天丼・かつ丼

四季折々に育つ素材を活かした料理が楽しめる、味わいの店

国道362号線、ファミリーマート・四季の里より100m先SUZUKI（河畑自動車）前左折し、50m入った所にある食事処。地元で採れた食材を使った天丼、膳、蕎麦の他、紅葉の季節には地元で採れた自然薯を使ったとろろ定食も人気です。急須で出していただくお茶は、格別の味わいです。

左／トロトロ卵がふわっとやさしく包む絶品かつ丼。
中／地元素材を使った料理に、ご主人のこだわりと愛情が光ります。
右／川根名産・自然薯をすりおろした「とろろ」は粘りと風味が抜群！

食事処 さか希

〒428-0313 川根本町上長尾1298-2
TEL 0547-56-0110

● 営業時間／11:00～19:30
● 定休日／水曜日

◀マップはこちらから

058

特典
オリジナル手作り フレッシュドリンク 1杯サービス！ ※季節によって変わるフルーツドリンクを お楽しみください。

創作ランチ「あけぼの膳」

昭和の雰囲気漂う創作料理店「和彩食堂あけぼの」。

川根特産の「とろろ汁」や、川根の新たな名物料理「大根らぁめん」など川根地域ならではの料理に出会えます。長火鉢やホーロー看板などレトロで落ち着いた広い店内で、目の前に広がる大井川や遠くに見えるSLを眺めながらの食事をゆっくりとお楽しみください。

左／お食事を待つ間、マッチ箱コレクションを眺めるも良し。
中／川根名物とろろを麦飯にたっぷりかけた「とろろご飯」は絶品！
右／お子様からお年寄りまでご利用いただけるお店です。

和彩食堂あけぼの

〒428-0313 川根本町上長尾842-4
TEL 0547-56-0102

● 営業時間／11:30〜21:00
● 定休日／火曜日
http://www.akebono-kawane.com/

マップは
こちらから

特典
宿泊のお客様に 1組6名まで 農業体験無料サービス！ または手作り品プレゼント！ ※農業体験通常500円／通常メニュー： こんにゃく作り、菓子作り 季節メニュー：山菜採り、栗拾い、野菜の収穫

夜には満天の星空

遊んで、食べて、星を眺めて…
ゆったり田舎時間を満喫

※写真は2階の客室(日本間)です。

標高410mの山の中腹の小さな集落にある絶景宿。宿泊する部屋から見える景色は、一面に広がる茶畑や、満天の星、雲海など感動的なものばかり。採れたての野菜や地元産の食材で作る郷土料理は山のごちそうで、ボリューム満点です。

左／2階の客室は、昔ながらの落ち着いた日本間です。
中／お母さんと一緒に"ぼたもち作り体験"も楽しめます。
下／女将の妙子さんは、故郷川根を愛する優しいお母さん。

**農家民宿
「天空の宿」**

◀マップは
　こちらから

〒428-0313 川根本町上長尾1647
TEL 0547-56-0736

● 営業時間／15:00〜翌9:00
● 定休日／12/28〜1/5
● 予約／要予約1週間前
● 宿泊／1泊 大人6,000円〜(土・日・祝日1割増)
※食事は共同調理

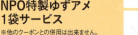

特 典
サイト使用料1割引き！ NPO特製ゆずアメ 1袋サービス

※他のクーポンとの併用は出来ません。

ファミリーキャンプ場

大自然で川遊びが めいっぱい楽しめるキャンプ場

小さな川と森に囲まれた自然いっぱいのキャンプ場。温水シャワー、水洗トイレ、炊事棟なども充実していて、ピザを焼いたり、「へっついまんま」を作ったりとアウトドアクッキングも人気。GWや夏休みの週末には、様々なワークショップやイベントも開催しています。

左／炊事棟は使いやすくアウトドアクッキングが楽しめます。
中／手作りのピザ釜もあり、繁忙期以外は貸し出しも可能。
右／前を流れる川では、水遊びやヤマメのつかみ捕りができる!

三ツ星 オートキャンプ場

〒428-0313 川根本町上長尾1143
TEL 090-2137-2551

- 営業時間／IN 13:00 OUT 11:00
- 営業期間／4月末〜11月末
- 料金／入場料120円〔3歳以下無料〕、〈駐車場〉540円
  サイト使用料1泊3,800円(車1台分含)、
  デイキャンプ2,700円(車1台分含)

http://www2.wbs.ne.jp/~k-life

▷マップはこちらから

買い物　体験

特典
川根茶セット 通常300円 ⇨ 250円

お茶淹れ体験

国土交通省指定の「道の駅」でおいしいお茶の淹れ方を学ぼう！

訪れる方に、楽しくくつろいだ気分で川根本町を知ってもらおうと建てられた「フォーレなかかわね茶茗舘」。お茶のおいしい飲み方が分かるお得な銘茶セットを300円で提供しています。木のぬくもりが感じられる素朴な建物のなかで、川根茶をお楽しみください。

左／川根紅茶のかき氷「グラッタケッカ」は夏季限定メニュー
中／お茶淹れ体験は美しい庭園を眺めながら茶室で
右／お茶の温度や抽出時間で変わるお茶の味をお楽しみください。

フォーレなかかわね茶茗舘

〒428-0312 川根本町水川71-1
TEL 0547-56-2100

● 営業時間／9:30〜16:30
● 定休日／水曜日・年末年始
※臨時休館あり
　（営業日カレンダーをご確認ください）

◀マップはこちらから

特典
税別500円以上お買上げで「川根茶一煎茶パックorお茶クッキー」プレゼント！

川根の特産品館
川根の魅力的な産品がいっぱいの特産館

道の駅「フォーレなかかわね茶茗舘」に隣接する特産品館。特産の川根茶はもちろん、川根紅茶、お茶を使用したお菓子など、ここでしか手に入らない商品がたくさん！手軽なティーバッグタイプのお茶なども取り揃えているほか、川根茶の試飲もできます。

左／お茶の芽の佃煮「たべ茶王」は山根の風味が効いた逸品。
中／館内には、川根茶を使った商品がズラリと並びます。
右／のどごしが良くお茶の風味が楽しめます。

茶茗舘販売所　緑のたまてばこ

〒428-0312 川根本町水川71-1
TEL 0547-56-2120

● 営業時間／9:00〜16:30
● 定休日／水曜日

マップはこちらから

特典
卵（8個入）と野菜がセットで1,000円！※季節により変わります。

有精卵・野菜販売

畑のすぐそばをSLが通過！
珍しくも川根らしい風景の農園

人里離れた場所で営む農園は、運動場を使い平飼いをしている養鶏から生まれる新鮮有精卵が看板商品。濃厚な黄身が特徴で、地元の方町外の方にも人気があります。鶏ふんを堆肥にして育てた新鮮野菜も販売しているほか、夏には養殖しているホタルの鑑賞もできます。

左／里芋の一種・八つ頭は縁起物としておせちにも使われます。
中／オス・メス合わせて1,000羽近くのニワトリを飼育しています。
右／千頭駅前で毎月第3日曜日に開催されている軽トラ市にも出店しています。

さわい農園

〒428-0301　川根本町徳山2462-1
TEL 0547-57-2319／090-7254-2943

● 営業時間／8:30～17:00
● 定休日／月曜日
● 予約／要予約2日前

マップはこちらから

特　典
お茶代金5％引き！

川根茶製造・販売

こやぶ園でゆったり過ごす川根茶時間

創業70年を迎えた「こやぶ園茶舗」は、香味を重点に伝統伝承製法で製造をしており、時間をかけて「香りと旨味を大切に火入れ」をしています。銘柄ごとに1年中同じ茶葉をお届けできるのが特徴。4～6月の間には、近くでワラビ採りも楽しめます。

左／伝統の製茶の工程を工場で見ることができます。
中／春限定で、お茶を購入した方はわらび採りも楽しめます。
右／山のお茶らしいさわやかでフルーティーな香りが漂います。

こやぶ園茶舗

〒428-0311　川根本町元藤川376
TEL 0547-57-2317
　　 0120-39-5820（フリーダイヤル）
● 営業時間／9:00〜　● 駐車場有り
● 定休日／不定休
http://koyabuen.jp/

マップはこちらから

特典
名物「茶農家手作りオリジナル茶あめ」1袋(5個入)or「高級川根茶10gパック」プレゼント！ ※税別1,000円以上ご購入、もしくは有料体験の方対象

お茶摘み・工場見学体験

昔のままの豊かな自然環境にある農園で、川根茶体験

川根茶産地のど真ん中で、先祖代々川根茶一筋に茶作りをしてきた"がんばる農家"の「山香荘茶園」。新緑の茶畑に包まれての、お茶摘み体験や本格的なお茶の手揉み体験、製茶体験見学、試飲、喫茶など、お茶農家ならではの体験が楽しめるほか、生産直売のおいしい川根茶が直売価格で、購入できます。

左／店舗併設の古民家休憩所では茶手もみ体験や喫茶も。
中／茶摘み衣装のレンタル(一人1,600円)も承っています。
右／実際に可動している茶工場を見学できます。

川根茶直売所
山香荘茶園
やまかしょうちゃえん

〒428-0311 川根本町元藤川17
TEL 0547-57-2777

● 営業時間／8:30〜17:30
● 定休日／水曜日(4,5月は無休)
※茶摘み衣裳レンタル・茶摘み体験は要予約
http://www.yamakasho.com/

 マップはこちらから

066

KAWANE PASSPORT

千頭エリア

山岳鉄道ならではの景色をトロッコ列車で味わう!

KAWANE PASSPORT 対象施設

- 068　生粋川根茶 澤本園
- 069　ケーブルテクニカやんばい処
- 070　川根茶製造販売(株)坂本園
- 071　山本屋旅館 遊工房
- 072　blooper backpacks
- 073　奥大井音戯の郷
- 074　cafe うえまる
- 075　cafe うえまる千頭駅前店
- 076　大井川鐵道 千頭駅売店そばコーナー
- 077　カーケア中原
- 078　ゑびすや食堂
- 079　おざわ屋食堂
- 080　エディオン堀電器千頭店
- 081　前田工房
- 082　玄米彩食 あさゐ
- 083　エコティかわね
- 085　大井川鐵道奥泉駅

特典
川根茶・陶器 5%OFF ※送料・特産品・インテリア茶箱類・雑貨は除く

川根茶 製茶問屋
品評会入賞茶から家庭用まで
老舗製々問屋極上の一服でおもてなし

良質な手摘みを主体とした茶作りを行っている創業180余年老舗の製茶問屋「生粋川根茶 澤本園」。店舗では品評会のお茶から普段用まで取り揃え、工場から全国にお届けしています。美しい手包装も自慢で、お土産、贈答、記念品などにも喜ばれます。

上／茶飴や羊羹、最中など、川根茶を使ったお菓子もあります。
中／オリジナルのお茶を各種取り揃えています。
下／かわいいデザインの急須や湯のみも取り揃えています。

生粋川根茶 澤本園

〒428-0416 川根本町田代261
TEL 0547-59-2136

● 営業時間／8:30〜17:00
● 定休日／4.5.6.12月以外の第3水曜・元旦・不定休あり
https://www.kawanecha.co.jp/

マップはこちらから

特典
レーザー彫刻体験 1,000円！ 1日5名様限定
※オリジナルのロックグラス＋コースターに好きな文字を刻めます

アクティビティ

旅の思い出に、オリジナルのグラスを作りませんか

ロックグラスとコースターにお好きな言葉をレーザー彫刻することができる「ケーブルテクニカ　やんばい処」。旅の思い出や、卒業、退職、出産、誕生日などの記念日に彫刻をし、オンリーワン作品を作ることができます。あなたならどんな言葉を刻みますか？

上／グラスのほかに木にも彫刻することが可能です。
中／絵柄は手書きでもOK!自由に思い出作りをしましょう。
下／彫刻するデザインをパソコンで選びオリジナルを作ります。

ケーブルテクニカ やんばい処

〒428-0416 川根本町田代620
TEL 0547-59-3141

● 営業時間／9:00〜15:00
● 定休日／土曜日・日曜日
（冬期・GW・夏季休暇あり）
※体験は要予約
http://www.cable-technica.com/

◀ マップはこちらから

特典	
お茶5%引き！ 1日5名様限定	✓
※〈季節限定〉椎茸狩り・干し柿作りが特別価格!	

川根茶製造・販売

最北の川根の地より
美味しいお茶をお届け

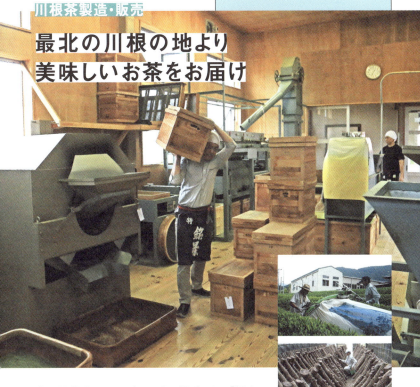

大井川鐵道千頭駅から車で5分の場所にある「坂本園」。閑静な高台に位置し、製茶工場にてこだわりの川根茶を造っています。工場見学や対話をしながらのお茶の飲み比べ、季節限定で原木栽培のしいたけ狩り、干し柿作りもお楽しみいただけます。

上／自園の茶畑と地元の茶農家の良質な茶葉を原料としています。
中／原木栽培しいたけ園　春と秋に肉厚の生椎茸が採れます。
下／干柿づくり 11月に渋柿の皮を剥きあんぽ柿を作ります。その他春には、お茶摘み体験、タケノコ掘りなどもできます。

川根茶製造販売
(株)坂本園

〒428-0415 川根本町上岸110
TEL 0547-59-2155

● 営業時間／9:00〜17:00
● 定休日／土曜日・日曜日
すべて体験は要予約
(体験を希望される方は必ず5日前までにご連絡ください。)
http://www.sakamotoen.com

◀マップはこちらから

特典	
カルトナージュ・インテリア茶箱などの体験講座を割引き！	✓
レッスン料を1回につき300円引き	✓
1日2組限定(1組2～6名まで)	

お茶缶カルトナージュ体験

茶処の旅の思い出は、手づくりで

大井川沿いにある旅館「山本屋旅館」の館内に併設するアトリエ「遊工房」は、インテリア茶箱や茶缶小物入れなどを身近なもののリメイク、アレンジが簡単に創作できる体験を行っています。少人数完全予約制と先生のアドバイスで、素敵に気軽にお楽しみいただけます。

上／お好きな生地を選んで作る、ウェットティッシュケース
中／毎日使う手帳もオリジナルに！
下／今年は和柄も加わり豊富な種類から選べます。

山本屋旅館 遊工房

◀マップはこちらから

〒428-0414 川根本町東藤川702-1
TEL 0547-59-2013
● 営業時間／10:00～16:00
　　　　　　19:00～21:30 (木・金のみ)
● 定休日／火曜日・水曜日・木曜日
● 体験料／2,000円～ (小物で1時間くらい)
予約：原則3日前までに要予約
http://www.ryokan-yamamotoya.com/

買い物

特典
オリジナル
ステッカー
プレゼント！
※商品をお買い上げの方対象

アウトドア用品

ハンドメイドの
アウトドアギアブランド

南アルプスをフィールドに、登山・トレイルランニング・フライフィッシング・カヤックなど数多くのアクティビティを行いながら、ハンドメイドでギアを制作している「blooper backpacks」。工房では生地やサイズなどのカスタムオーダーも可能なので、お気軽にご利用ください。

上／ハンドメイドのオリジナルポーチは、旅行にピッタリ！
中／パスポート提示でもらえるオリジナルステッカー。（写真は使用例）
下／昔ながらのミシンを使用し、一つ一つ丁寧に作り上げる。

blooper backpacks
（ブルーパー バックパックス）

〒428-0411 川根本町千頭1216-5
TEL 090-8863-8642

● 営業時間／13:00〜19:00
● 定休日／不定休
https://blooperbackpacks.com/

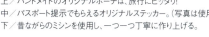

マップは
こちらから

072

特典	
入館料or工房体験料100円引き！	✓
	✓

音戯ミュージアム

見て、聞いて、触れる
音と自然の体験ミュージアム

大井川鐵道千頭駅から徒歩3分のところにある道の駅「奥大井音戯の郷」。音と戯れることをテーマに、環境庁日本の音風景100選にも選ばれた「南アルプス山麓にこだまするSLの汽笛」の音などが体験できます。懐かしい音風景を感じさせてくれます。

上／中庭にある巨大なパイプも、ラケットで叩いて演奏できます。
中／鉄道のレールを使った大きなチャイムで素敵な音色を奏でよう!
下／自分の好きな絵を描いて、たまご型のマラカスが完成!

奥大井音戯の郷（おとぎさと）

〒428-0411 川根本町千頭1217-2
TEL 0547-58-2021

- 営業時間／10:00〜16:30
  （最終受付16:00、工房最終受付15:30）
- 入館料金／大人(高校生以上)500円・小、中学生300円
  シニア(65歳以上)400円・幼児無料
- 定休日／毎週火曜日・年末年始・臨時休館有り

▶マップはこちらから

特典
自家農園 おしゃれ川根茶 ティーパックプレゼント ※1,080円以上お買上げの方対象

長島ダムカレー

地元食材でつくる
ランチ&スイーツのお店

自家農園で栽培した野菜やフルーツ、地元の食材を豊富に取り入れた手作りのメニューが自慢のカフェ。厳選した素材でつくる、ぶるーべりーチーズケーキや、SLショコラなど手作りスイーツも人気です。大井川鐵道の全線が一望できる空間で、一息つくにはピッタリです!

上／パスポート提示でもらえる可愛い"ティーバッグ"
中／川根本町産の唐辛子入りの"大人のナポリタン"も人気です!
下／SLをイメージしたインスタ映えの可愛いスイーツも人気!

cafe うえまる

〒428-0411 川根本町千頭1217-2
TEL 080-1620-0358

▲マップはこちらから

● 営業時間／10:00〜16:30(LO16:00)
● 定休日／火・第3水曜
　(他、音戯の郷の営業日をご確認ください)
http://cafe-uemaru-tea.com/

特　典	
自家農園 おしゃれ川根茶 ティーパックプレゼント ※1,080円以上お買上げの方対象	✓ ✓

地元食材スイーツ

国産・川根本町産の食材を使用するこだわりのカフェ

ここでしか食べられない川根本町産素材を使ってつくるジェラート6種や、自家農園のブルーベリーやお茶を使用したドリンクやデザートが豊富。使用する食材は、国産・川根本町産の食材を使用した安心・安全なカフェ。駅が目の前なので、電車やバスの待ち時間にもおすすめです。

上／オシャレで明るい店内。晴れた日はテラス席が気持ち良い。
中／デザートだけでなくパスタなどの食事も可能です。
下／川根茶や自家栽培のフルーツを使ったスムージーもおすすめです。

cafe うえまる
千頭駅前店

〒428-0411 川根本町千頭1216-20
TEL 080-1620-0358

● 営業時間／9:30～18:30
● 定休日／火曜日
http://cafe-uemaru-tea.com/

◀マップはこちらから

特典
そば・うどんご注文の方 「トッピングメニュー1品」 サービス！ ※卵・きつね・山菜いずれか1品

そば・うどん

大井川鐵道の終着地・千頭駅内にある立ち食いスポット

大井川鐵道本線の終点駅・千頭駅構内にある立ち食いうどん・そばコーナー。常時、天ぷら・山菜・月見・きつね・とろろ・肉・きのこ・山菜月見の8種類の味が、そば・うどんでお楽しみいただけます。ぶらっと腹ごしらえをするにはピッタリ！

上／川根名産のゆずを使った特産品も販売しています。
中／売店では、大井川鐵道オリジナルのSLグッズも手に入ります。
下／旅のお供に、いなり寿司・おにぎりも人気です。

大井川鐵道
千頭駅売店そばコーナー

〒428-0411 川根本町千頭1216-5
TEL 0547-59-3723

● 営業時間／11:00〜14:30
　　　　　　（12月〜1月は13:30まで）
● 定休日／なし

◀マップは
こちらから

076

特 典
レンタカー500円引き & ドリンク1本サービス！

レンタカー・カーケア

レンタカーなら観光エリアも広がります

大井川鐵道千頭駅前にある「カーケア中原」は、車に関するほとんど全ての対応が可能です。レンタカーは、狭い道が多いので、軽四レンタカーから10人乗り～29人乗りまでご用意いたします。カブ50ccもあるので気軽にお立ち寄りください。

上／電器自動車の充電もこちらで可能です。
中／1人乗りの"カブ"50ccも用意しているので、身軽な旅にどうぞ
下／大型車から軽自動車まで、様々な車種を用意してお待ちしております。

カーケア中原

〒428-0411 川根本町千頭1215-11
TEL 0547-59-3181

● 営業時間／8:00～17:00
● 定休日／日曜日・祝日
※前日までに要予約
http://www.carcare-nakahara.jp/

マップはこちらから

077

特 典
全品100円引き （1品に限る）

駅前の母さん食堂

豆をふんだんに取り入れた
ヘルシーな定食

千頭駅から徒歩3分ほど。母さん手作りのやさしい味で古くから愛される定食屋さん。人気の「千豆定食」は、豆腐ハンバーグ・大豆と川根茶のかきあげなど豆をふんだんに取り入れた、カラダにやさしいヘルシー定食です。

上／母さんたちの愛情を感じるやさしい味付けが嬉しい。
中／旨さがギュッと染み込んだ、あんかけの豆腐ハンバーグ。
下／女性に人気のヘルシーな味わいで、千豆定食ペロリと完食！

ゑびすや食堂

〒428-0411　川根本町千頭1216-3
TEL 0547-59-2219

● 営業時間／11:00〜16:00
● 定休日／木曜日・不定休

▸マップは
　こちらから

特典
麻婆豆腐セットor カツ丼セット **1,000円！** ※通常1,240円・1,280円の品
その他50円引き(1品に限る)

麻婆豆腐丼セット

本格中華を修業した
料理人がつくるこだわりの料理

「男はつらいよ」のロケ地としても使用された「おざわ屋食堂」は、お一人でもお子様連れでも気軽に入ることができる昭和の雰囲気漂うお店です。人気の麻婆豆腐丼は四川山椒の辛さが後を引く絶品で大人気!川根茶杏仁豆腐もオススメです。

上／本格中華を修業したご主人の料理は絶品!
中／四川山椒がピリっと効いた味付けはご飯と相性抜群!
下／カウンターとテーブル席の店内は居心地の良い懐かしさ。

おざわ屋食堂

〒428-0411 川根本町千頭989-3
TEL 0547-59-2150

● 営業時間／11:30〜14:30
　　　　　　17:30〜21:00 (LO20:00)
　　　　　　月曜日のみランチ(〜14:00)
● 定休日／火曜日(臨時休業あり)

 マップはこちらから

特　典
スヌーピー マイボトル（350ml） プレゼント！ ※税別1,000円以上お買上げの方対象

家電販売・修理

千頭界隈の地元情報は
「まちのでんきやさん」でゲット！

大井川鐵道千頭駅から徒歩5分の場所にある「堀電器店」は、家電販売はもちろん、乾電池・USBケーブル・SDカード・充電器なども種類豊富に取り揃えています。安心してご利用いただけるよう親切丁寧・地域に密着したお店。
旅の途中にスマホやカメラで困った時にはこちらで解決！

上／パスポート提示でもらえるスヌーピーマイボトル。
中／色々なメーカーを取り揃えているので、旅先でも安心!
下／ゆうパック・宅急便の取次ぎも行っています。お気軽にご来店ください。

エディオン
堀電器千頭店

〒428-0411 川根本町千頭1022-1
TEL 0547-59-2079

● 営業時間／8:00〜19:00
● 定休日／第1・3日曜日

マップは
こちらから

特典	
川根の茶箱 30%OFF ※当店ネット価格より ※1KS〜15Kサイズ(1人3個まで)	

杉の香り、川根の茶箱

日本の職人が作る
百年前から変わらないもの

川根の杉材を使用し、職人さんの手で一つ一つ作られた美しい茶箱は、江戸時代から続く伝統文化。お茶の葉を新鮮に保つための防虫・防湿・防臭の機能は百年前から変わることがありません。お茶以外にも、パスタやお米、珈琲豆などにも最適です。

上／お越しいただいたお客様には、川根茶をお出ししています。
中／最後の仕上げ、和紙の糊付けも丁寧な手作業で行います。
下／食材以外にもカメラなどの保存にも最適。

前田工房

〒428-0411　川根本町千頭837
TEL 0547-59-2210

● 営業時間／9:00〜17:00
● 定休日／土曜日・日曜日・祝日
お越しの際は事前にお電話ください。
https://kawanechabako.jp/

マップはこちらから

食事　 買い物

 宿泊　

特　典	
お食事の方： ドリンクサービス	1日 10食限定
宿泊の方： ウエルカムドリンク ＋ プレゼントあり☆	

築280年の古民家食堂

雑穀と旬野菜、酵素玄米を使った新感覚のヴィーガン料理

江戸より続く古民家を改装した店内でどこか懐かしくて、新しい玄米菜食のお食事をゆったりお楽しみ頂けます。2018年6月より宿泊も始めました。1組だけのスペシャルな空間で時間を忘れてのんびりと古民家暮らしを体験できます。

上／築280年の古民家内の落ち着いたスペース
中／店内には雑貨や手づくりの品が並んでいて、買い物やテイクアウトも出来ます。
下／縁側で庭をながめながらcafeも◎

玄米彩食 あさゐ　〒428-0413 川根本町桑野山276-1
TEL 0547-59-2308

● 営業時間／11:30～日没　宿泊15:00～
● 定休日／不定休（HPより確認できます）
※予約制（要予約1日前）
http://www.acai-kawane.com/

お弁当やケータリングもご予算に応じて承ります。
詳しくはお気軽にご相談ください。

 ◀マップはこちらから

川根の自然満喫
川根の自然と人々にふれあい
素敵な感動に出会える体験

川根本町でのお楽しみ。その中に、自然体験もチョイスしてみませんか?広いダム湖でのカヤック体験や、四季折々が楽しめるトレッキングは川根の自然を満喫するのにぴったり。手仕事が好きな方には染め物や羊毛フェルト、杉玉づくりなど、ものづくりを楽しむ体験もオススメです。エコティかわねでは、1年を通じて様々な自然体験プログラムをご用意しています。詳しくはホームページやブログをのぞいてみてくださいね。

特典
自然体験プログラム 8%OFF!

上／ガイドの話を聞きながら、紅葉トレッキングを楽しもう。
中／川根本町の野鳥を観察。バードウォッチング入門。
下／手織りスカーフを秋色に染めてみよう。

エコティかわね

〒428-0413 川根本町桑野山424-6　TEL 0547-58-7000
E-mail ecotkawane@gmail.com　HP http://kawanehon-eco.com/

● 営業時間／10:00〜18:00
● 定休日／不定休
すべてのプログラムが要予約。
開催日・内容についてはホームページでご確認ください。

マップは
こちらから

ブログ　　HP

特典
しおりづくり体験 100円 OFF! ※通常300円の品

オリジナルしおり

トロッコ列車が走る駅で
旅の思い出を彩るしおりづくり

日本で唯一のアプト式（急勾配を上るための鉄道システム）鉄道が走る大井川鐵道井川線の駅「奥泉駅」では、使用済みの切符を使ったしおりを作ることができます。台紙とパーツを糊付けし、ラミネート加工して完成です。川根の旅の思い出として、電車を待つ間に「しおりづくり」はいかがですか？

上／人気の駅名マグネットも駅構内で販売中!
中／ラミネートして完成した栞は、旅の思い出にピッタリ!
下／奥大井湖上駅でつける、恋錠も販売中!

**大井川鐵道
井川線奥泉駅**

〒428-0412 川根本町奥泉468-3
TEL 0547-59-2761

● 営業時間／9:00〜16:30
● 定休日／なし

◀ マップは
こちらから

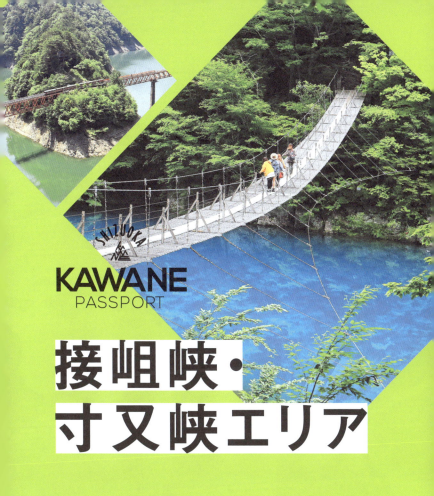

KAWANE PASSPORT

接岨峡・寸又峡エリア

見渡す限りの
絶景に感動!

KAWANE PASSPORT 対象施設

087 たぶの家
088 資料館やまびこ
089 翠紅苑
090 光山荘
091 SHOP&CAFE 晴耕雨読
092 安竹商店
093 (株)長島園
094 求夢荘
095 紅竹食堂

特典	
郷土料理1品サービス	☐ ☐

季節の郷土料理
囲炉裏を使用した郷土料理が楽しめる温泉宿

美しい大井川渓谷に抱かれた民宿「たぶの家」。自慢の温泉の泉質はヌルヌルなのに、湯上りはサッパリ!いつまでも入っていたくなる温泉です。料理は囲炉裏を使った郷土料理を楽しむことができ、心休まる旅の宿です。

左／囲炉裏でじっくりと焼き上げる絶品の"ヤマメの塩焼き"。
中／明るくキレイな洋室の客室もあり、快適!
右／落ち着いた雰囲気の和室で、ゆったりと過ごせます。

たぶの家

〒428-0401 川根本町梅地269-1
TEL 0547-59-3738

● 営業時間／15:00〜
● 定休日／月曜日・金曜日
● 予約／前日までに要予約

マップはこちらから

特典
入館料２０％OFF！

※通常大人200円⇨160円
　小人100円⇨80円

町の資料館
川根本町の自然と山と生活を学ぶ

山と緑と生活をテーマに奥大井の四季、大井川と林業など、山峡の生活と文化に焦点を当てた展示資料館です。動物学や歴史について楽しく学ぶことができ、剥製に触れることも可能です。

左／2階には山で見られる昆虫の標本が見られます。
中／地元の伝統芸能"梅津神楽"の様子をビデオや人形で見ることができます。
右／狩猟の鹿討についてなど、山の暮らしぶりがうかがえます。

資料館やまびこ

〒428-0402 川根本町犬間90-1
TEL 0547-59-4031

● 営業時間／9:00〜16:30
● 定休日／火曜日・祝日の翌日・12/29〜1/3

◀マップはこちらから

特典		
ご宿泊の方 魚料理一品サービス ※チェックイン当日17:30までに申し込み	✓	
日帰りの方 日帰り入浴 100円引き ※通常600円→500円。混雑時はお断りさせていただく場合がございます	✓	

寸又峡温泉の玄関口

南アルプス深南部の秘境の宿

寸又峡温泉入り口にあるレトロモダンな造りの宿は、山の幸をふんだんに使用した四季の味わいを堪能できる秘湯の宿。客室もクラシカルな内装の洋室や風情漂う和室はいずれも落ち着きゆったりとくつろげます。温泉・食・自然をふんだんにお楽しみください。

左／提灯の明かりが灯る、夜の雰囲気もまた格別です。
中／採れたての川魚は焼きたてホクホクで絶品です!
右／情緒溢れるクラシックな雰囲気のロビー心地良い時間を演出。

翠紅苑
（すいこうえん）

〒428-0411 川根本町千頭279
TEL 0547-59-3100

マップはこちらから

● 営業時間／ランチ 11:30～13:00
　宿泊 チェックイン14:00～ チェックアウト10:00
　日帰り入浴 11:30～19:00
● 定休日／不定休
http://www.suikoen.jp/

特 典
ジビエ料理 一品サービス

※特典ご利用の方の受付締切1週間前まで
　web予約のみ受付

寸又峡温泉の宿

100%の天然温泉が
白くスベスベの肌をつくります

"美女づくりの湯"で有名な寸又峡温泉にある「光山荘」は、田舎に帰ってきたような素朴さを楽しむことができます。料理は、女将がつくる四季折々のどこか懐かしい"おばあちゃんの味"でおもてなし。源泉かけ流しの天然温泉は単純硫黄泉がスベスベ美人肌に。

左／スベスベの肌をつくる、美女づくりの湯は源泉100%!
中／ご宿泊のお客様には、夕食時に鹿肉ステーキ1皿サービス!
右／浴衣に着替えて、昭和の温泉宿をゆっくりお過ごしください

光山荘

〒428-0411 川根本町千頭318-2
TEL 0547-59-2302

● 営業時間／14:00〜翌10:00
● 定休日／不定休(HPにてご確認ください)
http://www.tekarisanso.jp/

マップはこちらから

090

特 典
あられ5袋以上お買上げで1袋サービス！

※200円・350円・630円の品を5袋以上購入の方対象

老舗お煎餅が約80種
ゆったりとした癒しの時間は古民家カフェで

※隣接するハンモックカフェにて。

寸又峡温泉にある古民家をリノベーションしたおしゃれなショップ&カフェ。約80種類のせんべい&あられをはじめ、雑貨、アート作品などを販売。カフェスペースではスイーツを楽しむこともできます。隣にはハンモックカフェが併設され、ここでしか出会えない充実の時間をお過ごしください。

左／大井川鐵道のSLがモチーフの『石炭あられ』はお土産人気No.1
中／スティックチーズケーキはテイクアウトもOK。
右／あなた好みのせんべい&あられが見つかります。

SHOP&CAFE 晴耕雨読

〒428-0411 川根本町千頭316-1
TEL 0547-59-2333

● 営業時間／平日11:00～日暮れ
　　　　　　土曜日・日曜日・祝日10:00～日暮れ
● 定休日／不定休・冬期休業
※ハンモックカフェは土曜日・日曜日・祝日のみ営業（11:00～日暮れ）
http://seikou-udoku2012.com/

◁マップはこちらから

特典
温泉パック （寸又峡温泉の素） 2本で13%OFF！ ※1本通常650円の品を2本で1,126円

おみやげ・地酒

お土産や地酒は歴史ある「地域の店」で

温泉開湯前から"地域の店"として親しまれる「安竹商店」は、寸又峡の地酒・お土産・食料品を販売しています。吟醸酒、純米酒、原酒等が試飲できるので、お土産に、じっくりと選ぶことができます。散歩の後の休憩には、おでんを店の横のベンチでお休みながら当店の味をお楽しみください。

左／お土産ショップでお菓子や雑貨など種類も豊富！
中／南アルプスの伏流水と厳選されたお米を使用した地酒。
右／温泉の後のお楽しみ、地サイダーの"夢の吊橋サイダー"。

安竹商店

〒428-0411 川根本町千頭339-2
TEL 0547-59-2300

● 営業時間／8:30～19:00
● 定休日／不定休

▶ マップはこちらから

特典
1,000円以上川根茶をお買上げの方に「ミニソフトクリーム（カップ入）」サービス！

川根茶・お菓子

より厳選した川根茶をお届けする製造販売の専門店

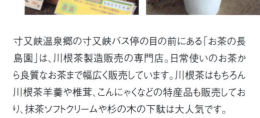

寸又峡温泉郷の寸又峡バス停の目の前にある「お茶の長島園」は、川根茶製造販売の専門店。日常使いのお茶から良質なお茶まで幅広く販売しています。川根茶はもちろん川根茶羊羹や椎茸、こんにゃくなどの特産品も販売しており、抹茶ソフトクリームや杉の木の下駄は大人気です。

左／オリジナルの川根茶は、お土産にも喜ばれます。
中／パスポート提示でもらえる"抹茶とバニラのミニソフトクリーム"。
右／大人気の"抹茶ソフトクリーム"はしっかりとした抹茶の味。

(株)長島園

〒428-0411 川根本町千頭762-1
TEL 0547-59-2029
〒428-0411 川根本町千頭361-3(寸又峡店)
TEL 0547-59-2633
● 営業時間／8:00〜17:00
● 定休日／不定休
http://shop.nagashimaen.co.jp/

マップはこちらから

宿泊　温泉

特典
日帰り入浴・宿泊料金 20％OFF！

※日帰り入浴大人通常500円・小人400円、宿泊通常大人8,790円・小人6,048円

源泉掛け流し風呂
源泉かけ流しの大自然の中に佇む純和風の宿

寸又峡温泉街の一番奥に位置する宿です。館内の4つのお風呂は、「美女づくりの湯」と呼ばれる良質な温泉全てが源泉かけ流し。露天風呂は総ひのき造りで目の前に広がる雄大な自然を眺めながら浸かる温泉は格別です。料理は一品一品に真心を込めた味わい深い品々が並びます。

左／源泉かけ流しの温泉が旅の疲れを癒します。
中／女将が自ら採集した山の幸を使った山菜料理も振る舞われます。
右／猪の鍋や鹿刺しなど野趣あふれるジビエ料理も求夢荘の醍醐味です。

求夢荘
きゅうむそう

〒428-0411 川根本町千頭389-1
TEL 0547-59-2311

- 営業時間／日帰り入浴 16:00～22:00、6:00～9:00
- 料金／宿泊1泊2食大人8,790円 小人6,048円
  日帰り入浴大人500円 小人200円
- 予約／宿泊2日前要予約

◀マップはこちらから

094

寸又峡温泉老舗そば屋

山の幸がたっぷりの
寸又峡温泉名物のお蕎麦

山菜定食

寸又峡温泉で古くから続く老舗のお蕎麦やさん。毎朝丁寧に打った麺はコシがあり大人気。看板メニューの渓流蕎麦はヤマメの唐揚げや季節の天ぷら、イナゴの佃煮など、具がたっぷり！手打ち蕎麦や乾麺はお土産にもピッタリです。

特典				
当店で パスポート 購入の方	12%	15%	18%	20%
他店で パスポート 購入の方	10%	12%	15%	18%

上／人気の"渓流そば"は地元産のヤマメの唐揚げがメインの盛りだくさんのお蕎麦!
中上／甘い煮付けの夏季限定「山菜おろしそば」。
中下／店内はテーブル席、小上がり席のある広々としたゆったり空間。
下／優しいご夫婦の人柄が、美味しさににじみ出る素敵なお店。

紅竹食堂
くれ たけ

〒428-0411 川根本町千頭352
TEL 0547-59-2985

● 営業時間／10:30〜閉店時間要問合せ
● 定休日／木曜日(8月・11月は無休)
https://www.shokokai.or.jp/22/224281S0009/index.html

◀マップは
　こちらから

096